A marca FSC® é a garantia de que a madeira utilizada na fabricação do papel deste livro provém de florestas que foram gerenciadas de maneira ambientalmente correta, socialmente justa e economicamente viável, além de outras fontes de origem controlada.

o menino grapiúna

COLEÇÃO JORGE AMADO
Conselho editorial
Alberto da Costa e Silva
Lilia Moritz Schwarcz

Coordenação Editorial
Thyago Nogueira

O país do Carnaval, 1931
Cacau, 1933
Suor, 1934
Jubiabá, 1935
Mar morto, 1936
Capitães da Areia, 1937
ABC de Castro Alves, 1941
O Cavaleiro da Esperança, 1942
Terras do sem-fim, 1943
São Jorge dos Ilhéus, 1944
Bahia de Todos-os-Santos, 1945
Seara vermelha, 1946
O amor do soldado, 1947
Os subterrâneos da liberdade
    Os ásperos tempos, 1954
    Agonia da noite, 1954
    A luz no túnel, 1954
Gabriela, cravo e canela, 1958
De como o mulato Porciúncula descarregou seu defunto, 1959
Os velhos marinheiros ou O capitão-de-longo-curso, 1961
A morte e a morte de Quincas Berro Dágua, 1961
O compadre de Ogum, 1964
Os pastores da noite, 1964
A ratinha branca de Pé-de-vento e A bagagem de Otália, 1964
As mortes e o triunfo de Rosalinda, 1965
Dona Flor e seus dois maridos, 1966
Tenda dos Milagres, 1969
Tereza Batista cansada de guerra, 1972
O gato malhado e a andorinha Sinhá, 1976
Tieta do Agreste, 1977
Farda, fardão, camisola de dormir, 1979
O milagre dos pássaros, 1979
O menino grapiúna, 1981
A bola e o goleiro, 1984
Tocaia Grande, 1984
O sumiço da santa, 1988
Navegação de cabotagem, 1992
A descoberta da América pelos turcos, 1992
Hora da Guerra, 2008
Toda a saudade do mundo, 2012

o menino grapiúna

JORGE AMADO

Posfácio de Moacyr Scliar

4ª reimpressão

Copyright © 2010 by Grapiúna Produções Artísticas Ltda.
1ª edição, MPM Propaganda S/A e MPM — Casabranca Propaganda Ltda. em
coedição com Record, Rio de Janeiro, 1981.

Grafia atualizada segundo o Acordo Ortográfico da Língua
Portuguesa de 1990, que entrou em vigor no Brasil em 2009.

Consultoria da coleção Ilana Seltzer Goldstein

Projeto gráfico Kiko Farkas e Elisa Cardoso/ Máquina Estúdio

Imagens © Thomaz Farkas (capa); © Ashley Cooper/ Corbis/ LatinStock
(foto da capa); © Luiza Chiodi/ Companhia Fabril Mascarenhas (chita);
© Madalena Schwartz/ Acervo Instituto Moreira Salles (orelha). Todos os
esforços foram feitos para determinar a origem das imagens deste livro.
Nem sempre isso foi possível. Teremos prazer em creditar as fontes, caso
se manifestem.

Pesquisa iconográfica Bete Capinan

Cronologia Ilana Seltzer Goldstein e Carla Delgado de Souza

Assistência editorial Cristina Yamazaki/ Todotipo editorial

Preparação Cecília Ramos

Revisão Ana Maria Barbosa e Carmen S. da Costa

Texto estabelecido a partir dos originais revistos pelo autor. Os personagens e
as situações desta obra são reais apenas no universo da ficção; não se referem
a pessoas e fatos concretos, e não emitem opinião sobre eles.

Dados Internacionais de Catalogação na Publicação (CIP)
(Câmara Brasileira do Livro, SP, Brasil)

Amado, Jorge, 1912-2001.
 O menino grapiúna / Jorge Amado : posfácio de Moacyr
Scliar. — 1ª ed. — São Paulo : Companhia das Letras, 2010.

 ISBN 978-85-359-1660-7

 1. Memórias autobiográficas 2. Amado, Jorge, 1912-2001
 I. Scliar, Moacyr. II. Título.

| 10-03079 | CDD-869.93 |

Índice para catálogo sistemático:
1. Autobiografia romanceada : Literatura brasileira 869.93

Diagramação Estúdio O.L.M.
Papel Pólen Bold, Suzano S.A.
Impressão e acabamento Lis Gráfica

[2021]
Todos os direitos desta edição reservados à
EDITORA SCHWARCZ S.A.
Rua Bandeira Paulista, 702, cj. 32
04532-002 — São Paulo — SP
Telefone (11) 3707 3500
www.companhiadasletras.com.br
www.blogdacompanhia.com.br
facebook.com/companhiadasletras
instagram.com/companhiadasletras
twitter.com/cialetras

Para Zélia
que ouviu Lalu contar peripécias do menino grapiúna.

Para Alice e Floriano Teixeira e para Isabela,
neta de Alice, secretária de Floriano, minha amiga.

Para Alice e Luiz Carta,
recordando dias baianos.

1

DE TANTO OUVIR MINHA MÃE CONTAR, a cena se tornou viva e real como se eu houvesse guardado memória do acontecido: a égua tombando morta, meu pai, lavado em sangue, erguendo-me do chão.

Eu tinha dez meses de idade, engatinhava na varanda da casa ao fim do crepúsculo quando as primeiras sombras da noite desciam sobre os cacauais de recente plantação, sobre a mata virgem, inóspita e antiga. Desbravador de terras, meu pai erguera sua casa mais além de Ferradas, povoado do jovem município de Itabuna, plantara cacau, a riqueza do mundo. Na época das grandes lutas.

A luta pela posse das matas, terra de ninguém, se alastrava nas tocaias, nas trincas políticas, nos encontros de jagunços no sul do estado da Bahia; negociavam-

-se animais, armas e a vida humana. Em busca do El--Dorado, onde o dinheiro era cama de gato, chegava a mão de obra, vinda do alto sertão das secas ou de Sergipe da pobreza e da falta de trabalho — os "alugados", os bons de foice e enxada e os bons de pontaria. Pagos numa tabela alta, os jagunços de tiro certeiro tinham regalias. As cruzes demarcavam os caminhos do alardeado progresso da região, os cadáveres estrumavam os cacauais. Meu pai cortava cana para a égua, sua montaria predileta. O jagunço, postado atrás de uma goiabeira, a repetição apoiada na forquilha de um galho (assim o enxergo na nítida rememoração), esperou o bom momento para descarregar a arma. O que teria salvo o condenado? Um movimento brusco dele ou da égua, talvez, pois o animal recebeu a bala mortal, enquanto nos ombros e nas costas do coronel João Amado de Faria vieram incrustar-se caroços de chumbo que ele jamais retirou, visíveis sob a pele até o fim da vida. Exibidos com certa relutância e alguma vaidade para ilustrar a repetida narrativa de minha mãe.

Ainda conseguiu o ferido levantar o filho e levá-lo até a cozinha onde dona Eulália preparava o jantar. Entregou-lhe o menino coberto com o sangue paterno. Sucedeu no distante ano de 1913. Eu nascera em agosto de 1912 naquela mesma roça de cacau, de nome Auricídia. Rapazola, meu pai abandonara a cidade sergipana de Estância, civilizada e decadente, para a aventura do desbravamento do sul da Bahia, para implantar, com tantos outros participantes da saga desmedida, a civilização do cacau, forjar a nação grapiúna — a uns poucos quilômetros de Ferradas, nos limites de Ilhéus e Itabuna, ergue-se hoje uma universidade com milhares de alunos. Mas, naquele então, minha mãe dormia com a repetição sob o travesseiro.

2

EXISTIRÁ MESMO ALGUMA LEMBRANÇA guardada na retina do infante — as águas crescendo, entrando pela terra, cobrindo o capim, arrastando animais, restaurando o mistério violado da mata — ou tudo resulta de relatos ouvidos? A enchente do rio Cachoeira, nos começos de 1914, levou plantações, casa, chiqueiro, a vaca, os burros e as cabras. Fugitivos, meus pais chegaram ao povoado com a roupa do corpo, carregando o menino. Em Ferradas, já não havia onde recolher tantos foragidos, fomos enviados para o lazareto, habitualmente reservado aos leprosos e bexigosos, transformado em abrigo para as vítimas da cheia. Lavaram o chão de cimento com umas poucas latas de água, recordava minha mãe. Outros recursos não existiam, nem remédios, nem enfermeiras ou médicos — eram as terras do sem-fim.

Quem sabe, devo a essa amedrontadora hospedaria de minha primeira infância o fato de ter permanecido imune à varíola até hoje: jamais qualquer vacina antivariolosa, das tantas que me aplicaram no correr dos anos, fez efeito. Nem sequer a primeira, novidade na região, em 1918, a pele cortada a canivete. De tão predisposta, Maria, a pequena empregada, desabrochou em pústulas. Todo mundo de braço inchado, febril, sentindo-se mal. Permaneci impávido, a subir pelas árvores, a correr na praia. A bexiga fazia parte de meu sangue.

3

NAQUELE TEMPO, a bexiga negra dizimava as populações da zona do cacau. A bexiga, o impaludismo, a febre. Que febre? Não sei, diziam apenas "a febre" para designar a implacável matadora. Seria o tifo? Mata até macaco, afirmavam para caracterizar a violência e a malignidade daquela febre fatal: a febre, pura e simplesmente. Na época das chuvas, tornava-se epidêmica, deixava de ser a febre, passava a ser a peste. Vinha do fundo das matas, no rastro dos jaracuçus e das cascavéis. A febre contentava-se em matar uns quantos, a peste enlutava as cidades e os campos, não havia remédio que valesse. Tampouco medicação capaz de enfrentar a bexiga negra. Contagiosa como nenhuma outra moléstia, as suas vítimas eram isoladas nos lazaretos, longe das povoações. Por milagre, um bexigoso se curava, regressava com as marcas no rosto e nas mãos. Macabra visão de infância a me fazer estremecer até hoje: os bexigosos, metidos em sacos de aniagem, sendo levados para o lazareto, carregados pelos miraculados, ou seja, por aqueles que, havendo contraído a varíola e tendo escapado com vida, tornaram-se imunes ao contágio. Caminhando lado a lado com a morte, incorporado ao reduzido grupo de familiares, acompanhei de longe o transporte de um colega de escola primária até que o carregador, com o saco às costas, desapareceu no caminho, nos limites da cidade. A bexiga e os bexigosos povoam meus livros, vão comigo pela vida afora.

4

NA PRAIA DO PONTAL, DE INFINITA beleza, o menino cavalga em cacho de cocos verdes, eleva-se nos ares, sobrevoa o porto e os navios, vive entre a realidade e a imaginação. Na garupa do improvisado ginete conduz a fada, a princesa, a estrela, a esfarrapada vizinha; nos olhos e no riso da companheira de viagem aprende as primeiras noções de amor. A menina exerce poderoso fascínio. Dengosa e matreira, negaceia, foge e retorna — o pai é canoeiro, passa o dia sobre o dorso da leve embarcação, levando gente e carga de um lado para outro da baía, do subúrbio pobre de Pontal para a cidade rica de Ilhéus. Junto às pontes de atracação, os pequenos navios da Companhia Bahiana transformam-se em transatlânticos, em navios de piratas nos quais o menino se transporta aos confins do mundo, combate e vence o Terror dos Mares, salva a princesa escravizada.

Os pais arruinados, perdidas as terras e as roças de cacau, cortam e preparam couro para tamancos. A casa pobre é moradia e oficina, mas o menino vive na praia, no encontro do rio com o mar, as ondas poderosas e as águas tranquilas, o coqueiral, o vento e a presença da menina por quem pulsa seu pequeno coração. Como se chamava? Perdeu-se o nome, na memória ficou apenas a imagem da cavalgada, de mistura com as histórias de fadas e piratas, em curiosas versões regionais de dona Eulália. Ficaram o audaz alazão e o rosto moreno, os cabelos lisos, de cabo-verde, da primeira namorada. Namorada seria muito dizer, com tão pouca idade ainda não se namora, mas com que intensidade se ama!

O desbravador de terras, o plantador de cacau, corta o couro, fabrica tamancos, mas seu único objetivo é economizar algum dinheiro para novamente partir rumo às matas bravias, abrir caminhos, plantar roças de cacau. Será curto o tempo de praia e ventania, de coqueiros e canoas, de canções e lua cheia, distante das covas rasas nas encruzilhadas, dos tiroteios no meio da noite.

Não vai demorar a volta do menino à casa de fazenda, não mais em Ferradas; agora será na Tararanga, para as bandas de Sequeiro do Espinho onde, na lama das picadas, sob os pés dos jagunços e os cascos das tropas de burros carregando sacos de cacau, nascia o povoado que se chamou Pirangi, hoje cidade de Itajuípe. Um tempo de gestação de cidades.

5

ALGUNS VERBETES EM DICIONÁRIOS e enciclopédias, certas notícias bibliográficas, fazem-me nascido em Pirangi. Em verdade, sucedeu o contrário: vi Pirangi nascer e crescer. Quando por ali passei pela primeira vez, encarapitado no cavalete da sela na montaria de meu pai, existiam apenas três casas isoladas. A estação da estrada de ferro ficava longe, em Sequeiro do Espinho. Pouco tempo depois já era uma rua comprida, onde casas de residência se misturavam aos armazéns para a estocagem de cacau. O bar com as salas de jogo ao fundo, os míseros becos abrigando as pensões de raparigas. Aventureiros vindos de todas as partes, mascates levantinos descansando as malas de mercadorias para instalar lojas e armazéns, um missionário de acento alemão tentando impor os mandamentos da lei de Deus a uma gente sem lei e sem religião, desregrada e indômita, infensa a qualquer autoridade, do céu ou da terra.

Aos poucos o burgo miserável ganhou vida intensa, o dinheiro corria fácil e farto. Espocavam tiroteios na rua, nas casas de raparigas, nas salas de jogo. A vida humana continuava a valer pouco, moeda com que se pagava um pedaço de terra, um sorriso de mulher, uma parada de pôquer. Cresci ao mesmo tempo que Pirangi, assisti à inauguração da primeira loja, ao aparecimento do primeiro veículo a motor, transportando passageiros de Sequeiro do Espinho. Ali conheci os mais valentes entre os valentes e tive meu sono de criança velado por mulheres da vida nos becos esconsos.

6

MEMÓRIA VERDADEIRA E COMPLETA guardo de outra cena, essa não mais de ouvir dizer e sim de tê-la vivido em meio à noite cálida e assustadora da Tararanga. Menino de quantos anos? Cinco, talvez um pouco mais, não sei; é difícil estabelecer as medidas do tempo da primeira infância. Muito pequeno ainda, com certeza. Acordado pelos latidos dos cachorros aos quais se somavam outros ruídos no pátio em frente à casa, fui espiar. Como fiz para esconder-me na varanda, para não ser visto, não me lembro.

Recordo, sim, com absoluta nitidez, a visão exaltante: na obscuridade moviam-se vultos, sombras, ouviam-se vozes, relinchos dos animais. Meu pai montado em sua mula preta — melhor do que qualquer cavalo, afirmava ele —, os cabras em burros, pois naquelas estradas infames de lama, buracos e precipícios os cavalos eram montaria de pouca segurança. Serviam apenas para os desfiles dos coronéis nas ruas de Ilhéus e Itabuna, os arreios de prata.

Nas selas, os trabucos. Chefe dos cabras, Argemiro, um sergipano sarará, que servira meu pai nos tempos de Ferradas, novamente com ele na Tararanga, afamado e temido, o revólver no cinto. Acima de Argemiro, marcado pela varíola, caboclo de olhos vivos, fazendeiro e político, Brasilino José dos Santos, o compadre Brás, a mais fascinante figura de minha infância. Compadre e amigo do coronel João Amado, jamais lhe faltou nas horas difíceis. Impossível encontrar-se na região do cacau valentia e desassombro iguais ao dele — assim constava e era a verdade. Alguns anos depois eu o vi enfrentar sozinho um grupo de bandidos enviados pelos inimigos políticos para provocar alteração em Pirangi. Sua simples presença na rua — largou a mesa onde almoçávamos, tomou do revólver e saiu sozinho porta afora — bastou para que a baderna terminasse e os jagunços fugissem. Fora o braço direito de Basílio de Oliveira nas grandes lutas pela posse da terra.

A tropa armada partiu, certamente um pequeno grupo de homens, parecia-me um exército. Minha mãe, magra e resignada, viu o marido tomar mais uma vez o rumo de Itabuna para garantir, com amigos e cabras, a eleição de um sobrinho. Eleições a bico de pena, sob a vigilância dos jagunços. Só então, quando a cavalgada sumiu, minha mãe reparou no menino a espiar. Tomou o filho nos braços e o teve contra o seio.

Mocinha devotada aos irmãos, também eles coronéis do cacau — meu tio Fortunato, empolgante figura, pagara preço alto pelo título e pelas terras: saiu das lutas cego de um olho, numa das mãos restaram-lhe apenas dois dedos —, esposa devotada ao marido, disposta e silenciosa, sem um queixume, odiava aquele mundo bárbaro do qual fazia parte. Animais e homens desapareceram na noite. Na varanda, com dona Eulália, ficavam o menino e a morte. A morte, companheira de toda a minha infância.

7

TEMAS PERMANENTES, O AMOR E A MORTE estão no centro de toda minha obra de romancista. A observação de Ilya Ehrenburg, no prefácio da tradução russa de *Terras do sem-fim*, retomada por outros críticos, encontra sua razão de ser, suas raízes, nessa primeira infância de terra violentada, de homens em armas, num mundo primitivo de epidemias, pestes, serpentes, sangue e cruzes nos caminhos e, ao mesmo tempo, de mar e brisa, de praia e canções, meninas de doce enlevo. Entre Pontal e Pirangi, antevi o amor e tratei com a morte. A vida do menino foi intensa e sôfrega.

8

ARGEMIRO COLOCAVA O MENINO na frente da sela e o levava a Pirangi nos dias de feira: uma festa, um deslumbramento. Entre os sacos de feijão e farinha, as mantas de jabá, as jacas, as abóboras, os cachos de bananas, as raízes de inhame e aipim, no meio do povo, homens e mulheres que possuíam a cor e o odor da terra, o menino ia aprendendo sem se dar conta. De nada gostava tanto como dessas idas a Pirangi, em companhia de trabalhadores e jagunços: ampliavam seu universo e impediam que medrasse em seu espírito qualquer espécie de preconceito.

A quem mais admirava senão a Argemiro, de temerária fama, ou a Honório, um gigante negro que se repete nos meus livros, a partir de Cacau? Diante de Honório todos tremiam, constava que já liquidara não sei quantos, posso garantir que era de uma bondade sem limites, de uma delicadeza sem igual.

O menino teve que esperar uns anos para conhecer e frequentar as salas de jogatina nos fundos do bar, onde os coronéis e os comerciantes árabes arriscavam o dinheiro e a vida nas partidas de pôquer — ainda não tinha idade para cursar baralhos e aprender as regras do blefe. Mas as casas de mulher-dama, essas lhe foram familiares desde a meninice, pois Argemiro (e também Honório) não saía de Pirangi sem antes demorar-se em companhia das moças nos becos perdidos.

Enquanto esperava, o menino ia de mão em mão, de ternura em ternura, de afago em afago, de rapariga em rapariga, cada qual mais maternal. Recordo a figura de Laura, os cabelos longos, o rosto macilento — sabia histórias de lobisomens, cantava cantigas de ninar.

— Não diga a dona Eulália ou ao coronel que a gente esteve aqui… — recomendava Argemiro, suplicava Honório. Se os pais soubessem, o mundo viria abaixo.

Como contar, se aquele segredo de homens era um orgulho do menino? Não podia traí-lo nem correr o risco de perder a comovida ternura, o puro carinho das mulheres, bens por demais preciosos.

Em minha infância e adolescência, as casas de mulheres da vida, em vilas e povoados, em pequenas cidades, nas ladeiras da Bahia, significaram calor, agasalho e alegria. De certa maneira, nelas cresci e me eduquei, parte fundamental de minhas universidades.

Nada tinham de prostíbulos, a palavra pesada e torpe não serve para designar interiores tão familiares e simples, onde toquei os limites extremos da miséria e da grandeza do ser humano. Na roça, na hora do banho, Marocas, solteirona devota e carente, examinava ansiosa o sexo do menino, nele encostava o rosto, suspirando — foi quem primeiro o masturbou. Nas casas de rapariga, quando Argemiro ou Honório entregava o menino aos cuidados das mulheres, nenhuma delas, jamais, teve gesto ou anelo que não fosse puro e maternal.

Mulheres perdidas, assim eram chamadas, o rebotalho da humanidade. Para mim, de começo foram maternais, depois amigas fraternas, tímidas e ardentes namoradas. Acalentaram meus sonhos, protegeram minha indócil esperança, deram-me a medida da resistência à dor e à solidão, alimentaram-me de poesia. Despidas de todos os direitos, renegadas por todas as sociedades, perseguidas, enganadas, degradadas, possuíam imensas reservas de ternura, incomensurável capacidade de amor.

Que outra coisa tenho sido senão um romancista de putas e vagabundos? Se alguma beleza existe no que escrevi, provém desses despossuídos, dessas mulheres marcadas com ferro em brasa, os que estão na fímbria da morte, no último escalão do abandono. Na literatura e na vida, sinto-me cada vez mais distante dos líderes e dos heróis, mais perto daqueles que todos os regimes e todas as sociedades desprezam, repelem e condenam.

9

OS LÍDERES E OS HERÓIS SÃO VAZIOS, tolos, prepotentes, odiosos e maléficos. Mentem quando se dizem intérpretes do povo e pretendem falar em seu nome, pois a bandeira que empunham é a da morte, para subsistir necessitam da opressão e da violência. Em qualquer posição que assumam, em qualquer sistema de governo ou tipo de sociedade, o líder e o herói exigirão obediência e culto. Não podem suportar a liberdade, a invenção e o sonho, têm horror ao indivíduo, colocam-se acima do povo, o mundo que constroem é feio e triste. Assim tem sido sempre, quem consegue distinguir entre o herói e o assassino, entre o líder e o tirano?

O humanismo nasce daqueles que não possuem carisma e não detêm qualquer parcela de poder. Se pensamos em Pasteur e em Chaplin, como admirar e estimar Napoleão?

10

OS VAGABUNDOS AINDA DEMORARIAM a fazer parte de meu universo, do meu cotidiano. Com eles comecei a tratar quando, aos treze anos, fugi do internato dos jesuítas e atravessei o sertão para chegar a Sergipe, à casa de meu avô. Depois fiz-me amigo de tantos e tantos na minha livre adolescência na cidade do Salvador da Bahia de Todos-os-Santos. Amigo dos vagabundos, dos mestres de saveiro, dos feirantes, dos capoeiristas, do povo dos mercados e dos candomblés. Mais do que isso, fui um deles.

Na região grapiúna não havia lugar para vagabundos, o trabalho era duro, a luta sem tréguas. Conheci e tratei com aventureiros de todas as condições: vinham no rastro do cacau, em busca de dinheiro fácil, usavam os títulos mais diversos, na esperança de enrolarem os ingênuos coronéis. Mas os coronéis do cacau não eram tão ingênuos assim, manobravam os baralhos de pôquer com a mesma segurança com que manejavam os revólveres, os parabéluns. Vários desses aventureiros deixaram a vida nos cabarés de Ilhéus e Itabuna, nas casas de jogo de Água Preta e Pirangi. Outros se ajustaram aos costumes da região, os pés presos ao mel do cacau, rasgaram a mata e plantaram fazendas.

Entre jagunços, aventureiros, jogadores, o menino crescia e aprendia. Aprendeu a ler antes de ir à escola, nas páginas do jornal *A Tarde*, nos anos de Pontal. Aprendeu as regras do pôquer sentado atrás de seu tio Álvaro Amado, no Hotel Coelho, acompanhando as partidas, as apostas, adivinhando o jogo de cada parceiro. Enganar os demais fazia parte das regras do pôquer e dos hábitos da região. Havia a trinca Itabuna, um par e um ás ou um rei; a trinca Pirangi, formada por três cartas seguidas do mesmo naipe. Mas era difícil ganhar na ficha, na valentia da aposta, para os coronéis de dinheiro farto; passar um blefe exigia habilidade e consequência. Para meu tio Álvaro não havia alegria maior do que ganhar sem ter jogo, pondo os parceiros a correr, acontecimento pouco frequente, mas exaltante. Passei tardes inteiras peruando pôquer — até hoje não me explico por que aqueles rudes senhores não mandavam embora o menino curioso e inquieto, interessado no jogo. Tio Álvaro acarinhava minha cabeça, piscava-me o olho.

11

OS PERSONAGENS DAS OBRAS DE FICÇÃO resultam da soma de figuras que se impuseram ao autor, que fazem parte de sua experiência vital. Assim são os coronéis do cacau nos livros onde trato de região grapiúna, nos quais tentei recriar a saga da conquista da terra e as etapas da construção de uma cultura própria. Creio que em todos esses coronéis há um pouco do meu tio Álvaro Amado. Personalidade sedutora, teve-me sempre sob a sua proteção, dava-me categoria de amigo, por vezes de cúmplice.

Irmão mais moço de meu pai, tio Álvaro seguiu-lhe o exemplo, ainda adolescente veio de Sergipe para fazer-se grapiúna. Fazendeiro, comerciante, inventando negócios os mais diversos, sempre risonho e alegre. De todos os seus múltiplos ofícios, o jogo foi o mais constante e o preferido, podia atravessar dias e noites com o baralho na mão, namorando com a sorte, esperando o momento justo para a grande jogada. Fui seu admirador fanático.

Um dos homens mais agradáveis que conheci, incompatível com a tristeza; onde chegasse trazia a animação e a festa. Tinha hábitos curiosos e moral própria, construída à base das exigências da vida em zona tão bravia: para velhaco, velhaco e meio, eis sua divisa, proclamada aos quatro ventos. Ganhando dinheiro facilmente, mais facilmente ainda o gastava, vivia quase sempre apertado, mas permanecia generoso ainda que, por vezes, às custas de terceiros.

Gabava-se de ter sorte no jogo, orgulhava-se de acertar no bicho pelo menos uma vez por semana. Mas era de opinião que a sorte deve ser ajudada e tratava de ajudá-la. Nunca eu soube de alguém que achasse tanto dinheiro na rua, andava olhando para o chão. Um dos seus hábitos consistia em comparecer a reuniões e festas, na longa estação das chuvas, levando sempre um guarda-chuva velho que depositava junto aos demais, na entrada da casa. Ao sair, levava o melhor e mais novo.

As histórias de suas sabedorias — sabedoria era o termo que dona Eulália usava para designar as atividades nem sempre exemplares do cunhado — me encantavam. Aconteceu-me participar de algumas delas e isso me enchia de vaidade.

12

UMA DAS HISTÓRIAS DE TIO ÁLVARO ficou-me gravada na lembrança, pois colaborei para seu êxito. Um dia, quem sabe, ainda a aproveitarei num conto — apenas não creio que a figura de meu tio caiba nas limitadas laudas de uma narrativa curta, exige romance.

Aconteceu quando eu andava pelos meus seis ou sete anos. Havíamos mudado para Ilhéus. Em nossa casa, bem localizada, ao lado do Hotel Coelho, nas proximidades da praça principal da cidade, tio Álvaro estabeleceu, apesar dos protestos de meu pai, próspero comércio de água milagrosa, importada de Sergipe.

Água milagrosa descoberta pouco antes em pequena cidade do estado vizinho, nuns terrenos próximos à capela de Nossa Senhora do Ó, santa responsável pelas qualidades sobrenaturais do líquido que jorrava abundante de escondida nascente, no interior de uma gruta. Para atender aos rogos da mãe de uma criança enferma, Nossa Senhora do Ó abençoara a nascente e revelara sua existência à aflita devota — informava o proprietário do terreno, da gruta e da nascente. A criança bebeu da água, curou-se. O milagre correu mundo. Não foi o único, outros se sucederam, a gruta tornou-se lugar de peregrinação e o copo de água passou a ser vendido a cem réis.

A notícia, repleta de relatos verídicos, chegou rápida à região do cacau, povoada em grande parte por sergipanos. Logo alguns enfermos partiram em busca de cura. Prova viva dos poderes conferidos por Nossa Senhora do Ó à fonte milagrosa, regressavam livres de dores cruciantes, de doenças crônicas, algumas consideradas incuráveis. Bastara que bebessem daquela água durante alguns dias e rezassem umas quantas ave-marias. Cresceu o fluxo de romeiros. Entre eles meu tio Álvaro, de repente atacado por agudo reumatismo, intolerável. Aproveitava a viagem para visitar meu avô, em Itaporanga.

Voltou completamente curado do reumatismo e entusiasmado com os poderes medicinais da água tão falada: não havia doença, fosse qual fosse, capaz de resistir a uns quantos copos do líquido abençoado por Nossa Senhora. Bom samaritano, tio Álvaro não se contentara com agradecer à santa, acendendo velas na sua capela.

Desejoso de estender o milagre àqueles enfermos que não tinham condições de viajar até Sergipe, desembarcou do navio da Bahiana, no porto de Ilhéus, trazendo em sua bagagem duas latas de querosene cheias de água milagrosa, recolhida diretamente na nascente divina, além de pequena reprodução da imagem de Nossa Senhora do Ó — ao lado da gruta crescera animado comércio de objetos religiosos. Tio Álvaro anunciou a venda, a preço convidativo, de garrafas do inestimável produto da misericórdia divina. Não visava a lucros e, sim, ajudar o próximo, estendendo aos demais o milagre de que fora beneficiário.

O coronel João Amado tentou impedir o santo negócio, passou uma lição de moral no irmão, mas quem conseguia resistir à lábia e aos argumentos de tio Álvaro? Segundo ele, os poderes sobrenaturais persistiriam desde que não se esperasse que as latas esvaziassem completamente para novamente enchê-las, fazendo-o quando estivessem pela metade. Assim haveria sempre uma parte da água milagrosa atuando na mistura, mantendo-lhe os dons concedidos pela Virgem. Sem esquecer as ave-marias, é claro.

Fui seu colaborador na rendosa atividade: as latas de querosene à vista, entre elas a pequena imagem de Nossa Senhora do Ó, garantia de autenticidade, eu enchia garrafas que a princípio chegaram a ser disputadas por filas de enfermos.

A água trazida de Sergipe, multiplicada segundo as rigorosas exigências de tio Álvaro, durou bem mais de um mês, não fosse ela milagrosa. Quando a clientela se esgotou em Ilhéus, meu tio levou as duas latas cheias para Itabuna, onde doentes ansiosos reclamavam o fabuloso produto.

Tio Álvaro respondia às críticas do irmão e da cunhada, enumerando os milagres realizados pela água que ele e eu vendíamos, curas espantosas. Espantosas e reais, vinham pessoas a nossa casa agradecer a tio Álvaro a caridade. Agradeça a Nossa Senhora do Ó, respondia, modesto. Penso que no fundo se considerava um benemérito.

Do caso, ficou uma curiosidade a atazanar-me até hoje: a água que enchia as duas latas, quando o tio Álvaro desembarcou do paquete da Bahiana, teria vindo mesmo de Sergipe ou era do navio? Em verdade, que importa? Fosse da distante nascente, do barco ou da torneira de nossa cozinha, operava prodígios. Curou muita gente, rendeu-me alguns cruzados — cruzado era uma moeda grande, de quatrocentos réis —, meu tio gratificava bem seus ajudantes.

Quando fugi do colégio dos jesuítas, foi tio Álvaro quem viajou até Sergipe para me buscar. Eu esperava que o mundo caísse em cima de mim. De tio Álvaro não ouvi críticas nem acusações. No seu sorriso, pareceu-me encontrar solidariedade e aplauso.

13

NO COMEÇO, DEVIDO À ENORME quantidade de serpentes, de todos os tipos, cada qual mais venenosa, as residências dos fazendeiros nas roças eram geralmente construídas sobre os chiqueiros ou em suas proximidades. A capa de gordura a envolver os porcos impedia a ação mortal das cobras e eles as mastigavam e comiam. Em troca, havia quem criasse jiboias, mais efetivas que os gatos no combate aos ratos.

Com a ampliação das fazendas, o crescimento da riqueza, as modestas casas mal situadas transformaram-se em casas-grandes à maneira dos engenhos de açúcar do Recôncavo, dos latifúndios sertanejos, ostentando comodidade e luxo. Erguiam-se cercadas de varandas, em centro de terreno limpo e cuidado. Fartura de animais domésticos, cães e gatos em quantidade.

Nos terreiros multiplicavam-se as aves de criação: galinhas, perus, patos, conquéns. Por vezes aves da floresta, domesticadas. Minha mãe criava jacus e mutuns em meio às galinhas. Cabras e carneiros, vacas leiteiras. Algumas fazendas exibiam pomares, plantados atrás da casa-grande: pés de laranja, tangerina, lima, carambola, pinha, graviola, jambo, pitanga, manga, caju. As jaqueiras, os sapotizeiros, os pés de umbu e cajá faziam parte da mata virgem — a jaca era a fruta principal, delícia para a família, boa ração para as vacas e os burros.

O luxo cresceu com o poder e a vaidade dos coronéis, cada qual querendo exibir riqueza maior. Vi pianos de cauda em fazendas da vizinhança — como fizeram para transportá-los até aquelas lonjuras? Meu pai se contentara com a aquisição de um gramofone, instrumento que deixava os trabalhadores estupefatos.

Em frente à casa-grande na fazenda de José Nique, florescia um jardim de rosas e cravos, extremo requinte. José Nique era requintadíssimo, no vestir e no trato. Negro retinto, audaz desbravador de terras, trajava-se com o maior esmero — outra figura tutelar de minha infância.

Mais do que tudo me encantavam, enchiam meus olhos, as oleogravuras francesas que um mascate árabe espalhara pela vastidão das fazendas de cacau. Reproduziam paisagens da Europa, um campo civilizado de castelos e moinhos, relvados e flores, pastores e pastoras;

o oposto das terras primitivas, de serpentes e febres, recém-conquistadas para o plantio do cacau. Por uma pastora de gansos amarguei incurável paixão. Posso ainda vê-la na atmosfera azul do quadro, de pé com seu cajado, a cabeleira solta, o olhar perdido no infinito.

14

OS SOLDADOS DA POLÍCIA MILITAR desembarcaram em Ilhéus sob o comando de um coronel cujas credenciais eram a violência e a crueldade com que "pacificara" o sertão. Vinha com ordens terminantes de acabar com o cangaço na zona do cacau. Em verdade, por detrás da súbita decisão moralizadora do governo do estado escondiam-se razões políticas. O coronel e seus soldados não pretendiam fazer prisioneiros. As informações sobre a ação da brigada não deixavam dúvidas acerca da maneira de agir do coronel. Não adiantava render-se, entregar-se: a justiça sumária ditava a sentença na hora.

Entre os adversários mais visados encontrava-se José Nique, temido clavinote a serviço da oposição. Suas terras limitavam com as de meu pai. Os soldados da Briosa cercaram os domínios do negro orgulhoso e insolente.

Atento às conversas, aos comentários na casa-grande e nas casas de trabalhadores, o menino soube das ameaças a seu amigo José Nique. Gostava do vizinho, cuja extensa crônica de chefe de assaltos e mortes não impedia que, de volta das viagens à Bahia e ao Rio (ia à capital do país pelo menos uma vez por ano para refazer seu guarda-roupa), lhe trouxesse um brinquedo caro, estrangeiro. O menino viveu dias de alarme, à escuta para recolher notícias. Os trabalhadores apostavam: José Nique conseguiria escapar com vida?

Soube do encontro, numa trilha próxima à mata, do comandante da Polícia Militar e do chefe de jagunços. "Teje preso!", gritou o militar para José Nique, disparando a arma ao mesmo tempo, atirando para matar. Na confusão, José Nique sumiu mata adentro, deixando um rastro de sangue. Disseram-no atingido por três balas, condenado. O cerco se apertou em torno à mata, para impedir a fuga. Argemiro levou o menino para ver os soldados da Briosa. Iguais aos jagunços, a única diferença era a túnica.

Os dias passavam, José Nique acoitado na mata. "Quando os urubus descerem em voo rasante, saberemos que o bandido morreu e iremos buscar os restos. Será fácil localizá-los: onde os urubus estiverem, eles estarão", diziam os oficiais, repetindo as bravatas do comandante. O menino sentia um aperto no coração, mas nem assim perdeu a esperança: José Nique, segundo Honório, tinha pacto com o diabo, corpo fechado.

No meio da noite o menino acordou com as batidas na porta da frente. José Nique, a roupa rasgada, imundo, esfomeado, sedento, mais parecia assombração: recebera duas balas num braço, a terceira rasgara-lhe o rosto que estava inchado, purulento, desagradável de ver-se. Mas sorriu para o menino que foi em busca do copo com água enquanto dona Eulália trazia algodão, iodo, Maravilha Curativa e panos limpos. Acendeu-se a lenha no fogão para esquentar comida.

Tendo matado a fome e a sede, o braço em improvisada tipoia, o rosto lavado, José Nique recusou a montaria e o acompanhamento de Argemiro e Honório postos à disposição pelo vizinho. A pé e sozinho seria mais fácil escapar. Agradeceu e tomou rumo ignorado. Os soldados permaneciam em torno à mata, esperando que os urubus descessem em voo rasante. Cansaram de esperar.

Cerca de um mês depois chegaram novas de José Nique: estava no Rio de Janeiro. Tendo conseguido alcançar Ilhéus, viajara para o Sul escondido num navio da Costeira. O médico de bordo cuidara dele. A notícia deu lugar à música de harmônica e violão, a arrasta-pé e a farto consumo de cachaça no arruado dos trabalhadores. Dia alegre, de comemoração.

15

PARA O MENINO GRAPIÚNA — arrancado da liberdade das ruas e do campo, das plantações e dos animais, dos coqueirais e dos povoados recém-surgidos —, o internato no colégio dos jesuítas foi o encarceramento, a tentativa de domá-lo, de reduzi-lo, de obrigá-lo a pensar pela cabeça dos outros. A intenção do pai era apenas educá-lo no melhor colégio, o de maior renome. Não se dava conta de como violentava o filho.

Essa mesma sensação de sufoco, de limitação, eu voltaria a sentir mais de uma vez no decorrer de minha vida. No desejo de bem servir causas generosas e justas, aconteceu-me aceitar encargos e desempenhar tarefas de meu desagrado — durante dois anos, por exemplo, fui deputado federal, apesar de não ter vocação parlamentar nem gosto para o cargo. Da mesma maneira, por idênticos motivos, em certas ocasiões admiti e repeti conceitos, regras e teses que não eram minhas, pensei pela cabeça dos outros.

No colégio dos jesuítas, pela mão herética do padre Cabral, encontrei nas *Viagens de Gulliver* os caminhos da libertação, os livros abriram-me as portas da cadeia. A heresia do padre Cabral era extremamente limitada, nada tinha a ver com os dogmas da religião. Herege apenas no que se referia aos métodos de ensino da língua portuguesa, em uso naquela época, ainda assim essa pequena rebeldia revelou-se positiva e criadora. A heresia é sempre ativa e construtora, abre novos caminhos. A ortodoxia envelhece e apodrece ideias e homens.

A longa e dura experiência ensinou-me, no passar dos anos, a importância de pensar pela própria cabeça. Para pensar e agir por minha cabeça, pago um preço muito alto, alvo que sou do patrulhamento de todas as ideologias, de todos os radicalismos ortodoxos. Preço muito alto, ainda assim barato.

16

NÃO SERÃO AS IDEOLOGIAS por acaso a desgraça do nosso tempo? O pensamento criador submergido, afogado pelas teorias, pelos conceitos dogmáticos, o avanço do homem travado por regras imutáveis?

Sonho com uma revolução sem ideologia, onde o destino do ser humano, seu direito a comer, a trabalhar, a amar, a viver a vida plenamente não esteja condicionado ao conceito expresso e imposto por uma ideologia, seja ela qual for. Um sonho absurdo? Não possuímos direito maior e mais inalienável do que o direito ao sonho. O único que nenhum ditador pode reduzir ou exterminar.

17

DOS ESTREITOS LIMITES DO INTERNATO, fui salvo pelo mar — o mar de Ilhéus, a praia do Pontal, as marés mansas e a tempestade.

Aplaudido orador sacro, o padre Luiz Gonzaga Cabral era a grande estrela do colégio, a sociedade baiana vinha em peso ouvir seu sermão dominical. Brilhava também no Liceu Literário Português nas comemorações de datas lusitanas. Tendo adoecido o nosso professor de português, padre Faria, ele o substituiu. Seus métodos de ensino nada tinham de ortodoxos.

Em lugar de nos fazer analisar *Os lusíadas*, tentando descobrir o sujeito oculto e dividir as orações, reduzindo o poema a complicado texto para as questões gramaticais, fazendo-nos odiar Camões, o padre Cabral, para seu deleite e nosso encantamento, declamava para os alunos episódios da epopeia. Apesar do sotaque de além-mar, a força do verso nos tomava e possuía. Lia-nos igualmente a prosa de Garrett, a de Herculano, cenas de Frei Luiz de Souza, trechos de *Lendas e narrativas*. Patriota, desejava sem dúvida nos fazer conscientes da grandeza de Portugal, o Portugal das descobertas e dos clássicos. Obtinha bem mais do que isso: despertava nossa sensibilidade, retirando-nos do poço da gramática portuguesa (cujas rígidas regras nada tinham a ver com a língua falada pelo povo brasileiro) para a sedução da literatura, das palavras vivas e atuantes. As aulas de português adquiriram outra dimensão.

18

O PRIMEIRO DEVER PASSADO pelo novo professor de português foi uma descrição tendo o mar como tema. A classe se inspirou, toda ela, nos encapelados mares de Camões, aqueles nunca dantes navegados, o episódio do Adamastor foi reescrito pela meninada. Prisioneiro no internato, eu vivia na saudade das praias do Pontal onde conhecera a liberdade e o sonho. O mar de Ilhéus foi o tema de minha descrição.

Padre Cabral levara os deveres para corrigir em sua cela. Na aula seguinte, entre risonho e solene, anunciou a existência de uma vocação autêntica de escritor naquela sala de aula. Pediu que escutassem com atenção o dever que ia ler. Tinha certeza, afirmou, que o autor daquela página seria no futuro um escritor conhecido. Não regateou elogios. Eu acabara de completar onze anos.

Passei a ser uma personalidade, segundo os cânones do colégio, ao lado dos futebolistas, dos campeões de matemática e de religião, dos que obtinham medalhas. Fui admitido numa espécie de Círculo Literário onde brilhavam alunos mais velhos. Nem assim deixei de me sentir prisioneiro, sensação permanente durante os dois anos em que estudei no colégio dos jesuítas.

Houve, porém, sensível mudança na limitada vida do aluno interno: o padre Cabral tomou-me sob sua proteção e colocou em minhas mãos livros de sua estante. Primeiro *As viagens de Gulliver*, depois clássicos portugueses, traduções de ficcionistas ingleses e franceses. Data dessa época minha paixão por Charles Dickens. Demoraria ainda a conhecer Mark Twain, o norte-americano não figurava entre os prediletos do padre Cabral.

Recordo com carinho a figura do jesuíta português erudito e amável. Menos por me haver anunciado escritor, sobretudo por me haver dado o amor aos livros, por me haver revelado o mundo da criação literária. Ajudou-me a suportar aqueles dois anos de internato, a fazer mais leve a minha prisão, minha primeira prisão.

Fugi no início do terceiro ano, atravessei o sertão da Bahia no rumo de Sergipe, iniciando minhas universidades.

posfácio

Retrato do artista quando jovem

Moacyr Scliar

Jorge Amado foi importantíssimo em minha vida, o primeiro escritor que conheci pessoalmente, antes mesmo do gaúcho Erico Verissimo, que mais tarde eu viria a encontrar com alguma frequência nas ruas de Porto Alegre ou em sua própria casa. Ocasionalmente Jorge Amado e Zélia Gattai vinham a Porto Alegre. Eram amigos de meu primo Carlos Scliar, conhecido artista plástico e, como Jorge e Zélia, membro do Partido Comunista Brasileiro. O casal hospedava-se na casa de meu tio Henrique, pai de Carlos, ele mesmo um conhecido anarquista e homem de notável cultura. A chegada de Jorge e Zélia era, na então pequena Porto Alegre, um verdadeiro acontecimento. Minha mãe, professora primária e leitora infatigável — foi ela quem me introduziu aos livros —, levava-me à casa do tio Henrique para ver o escritor. Ver o escritor, não falar com ele: a tanto eu não ousaria. Contentava-me em ficar ali, admirando à distância aquele homem que dispunha de um poder extraordinário: escrevia livros. Livros que, muito cedo, comecei a devorar. Encantava-me a capacidade que Jorge Amado tinha para narrar uma história. E suas ideias políticas representavam um poderoso apelo para o jovem esquerdista que logo me tornei. As lágrimas corriam-me pelo rosto enquanto eu lia sobre as lutas operárias e sobre o mundo de justiça e igualdade que suas obras antecipavam.

A amizade prolongou-se por muitos anos. Eu visitava Jorge e Zélia em Salvador, visitava-os em Paris. Eram, os dois, pessoas muito acolhedoras. Bons escritores não são necessariamente boas pessoas (o mau-caráter é frequente na literatura), mas, quando essa superposição acontece, temos todos os motivos para celebrar, e estar com Jorge e Zélia era uma celebração. Que muitos, aliás, queriam compartir. Uma vez, estávamos na casa do Rio Vermelho, na capital baiana, quando um ônibus chegou e despejou dezenas de turistas, que, sem a menor cerimônia, foram entrando. Jorge recebeu-os afavelmente, conversou, deu autógrafos. O que, disse-me Zélia, era a regra naquela casa. Jorge era a bondade em pessoa, um homem afetivo, de grande coração. Quando nasceu meu filho Beto, nunca deixava de perguntar por ele, e mandava-lhe as camisetas da Casa de Jorge Amado. Conversávamos muito; melhor dizendo, eu o ouvia falar. Era a história do Brasil que ali estava presente. Da última vez que fui a Salvador não cheguei a vê-lo. Estava já muito doente, e James, seu irmão, aconselhou-me a não ir lá. "É melhor guardar a lembrança do Jorge alegre e amável que você conheceu", suspirou, e, como irmão e médico, sabia do que estava falando. Acatei seu conselho. Hoje, o que restam são as saudades. E os livros, como este *O menino grapiúna*.

Jorge Amado é a Bahia. Jorge Amado é o Brasil. Disso não precisamos ter nenhuma dúvida. Basta ler seus livros; e basta recordar sua trajetória, da qual *O menino grapiúna* dá um testemunho importante. Trata-se de uma obra com características peculiares. Para começar, foi escrita sob encomenda. Para muitas pessoas, na área literária e fora dela, esse rótulo desperta suspeição: encomenda afastaria automaticamente inspiração, que, para o consenso popular, se configura em precondição para grandes obras. Mas isso é, felizmente, um equívoco. Não foram poucos os escritores que produziram grandes obras, seja por encomenda, seja por necessidade de ganhar dinheiro. Dostoiévski escreveu alguns de seus melhores romances pressionado pela necessidade de pagar dívidas de jogo. O importante é saber se a encomenda funciona como um desafio, se mobiliza o poder criador do escritor. E em *O menino grapiúna* isso evidentemente aconteceu. Na verdade não se tratava de uma demanda comercial comum. A iniciativa partiu da revista *Vogue*, que dedicou uma edição especial aos cinquenta anos da carreira literária de Jorge Amado, em 1980. No ano seguinte, uma inovadora empresa de publicidade, a MPM Propaganda, fundada em Porto Alegre por três talentosos publicitários, Antônio Mafuz, Petrônio Corrêa e Luiz Macedo, publicou o livro numa edição não comercializada, como presente de fim de ano para os clientes.

O título, para o leitor do Sul ou do Sudeste, pode ser intrigante. O que é grapiúna? Aí temos uma pequena controvérsia. Segundo o dicionário Houaiss, trata-se da denominação que os sertanejos dão aos habitantes do litoral. Já para Aurélio Buarque de Holanda é o habitante da região cacaueira do sul da Bahia. Mas para Jorge Amado, e isso pode ser constatado em *Gabriela, cravo e canela*, grapiúna corresponde a uma verdadeira caracterização de um tipo humano:

> Chegavam e em pouco eram ilheenses dos melhores, verdadeiros grapiúnas plantando roças, instalando lojas e armazéns, rasgando estradas, matando gente, jogando nos cabarés, bebendo nos bares, construindo povoados de rápido crescimento, rompendo a selva ameaçadora, ganhando e perdendo dinheiro, sentindo-se tão dali como os mais antigos ilheenses, os filhos das famílias de antes do aparecimento do cacau.

Ilheenses são, claro, os naturais de Ilhéus, a terra do cacau.

Cacau. É difícil compreender a obra, e a vida, de Jorge Amado sem conhecer a saga do cacau. É esse o título de seu primeiro romance publicado em 1933. A própria história do cacau é absolutamente fascinante. Fruto originário do continente americano, já era conhecido pelos maias e astecas, que o usavam em seus rituais, sob forma de uma beberagem naturalmente amarga e à qual por vezes era adicionada pimenta. Os europeus que colonizaram (ou conquistaram) as Américas levaram o cacau para a Europa, onde, além da aura exótica por conta da origem tropical, adquiriu a fama de afrodisíaco. Com adição de açúcar, o cacau logo se tornou uma verdadeira mania (o que é até hoje).

Cacau era, portanto, riqueza certa, e o sul da Bahia revelou-se a região mais propícia a seu cultivo, atraindo muita gente. Entre essas pessoas estavam o sergipano João Amado de Faria e sua mulher, dona Eulália Leal, que se tornaram donos da fazenda Auricídia, em Ferradas, distrito de Itabuna. Ali nasceu, a 10 de agosto de 1912, o primeiro dos quatro filhos do casal, Jorge Amado, cuja infância estaria inapelavelmente ligada ao cacau. É essa infância, mas não só ela, que Jorge evoca em *O menino grapiúna*.

A primeira cena é eloquente e impactante. Jorge tinha dez meses e engatinhava na varanda da casa num fim de tarde quando o pai, que ali perto cortava a cana, foi vítima de um atentado: um jagunço escondido disparou contra ele. Errou o alvo, mas João Amado foi atingido por fragmentos de chumbo. Sangrando, conseguiu apanhar o garoto, entregando-o à mulher. A vida de Jorge Amado começava, assim, sob o signo da violência, da luta. Pode-se imaginar como esse incidente condicionou a sua visão de mundo, a sua maneira de ser. Depois, foi a enchente do rio Cachoeira que expulsou a família de sua propriedade. Mais adiante eclodiu na região um surto de varíola, doença hoje extinta (graças à vacinação), mas que à época, e sob o nome de *bexiga*, era extremamente comum. Uma verdadeira praga medieval que, quando não matava, deixava cicatrizes medonhas, deformantes. "Macabra visão de infância a me fazer estremecer até hoje: os bexigosos, metidos em sacos de aniagem, sendo levados para os lazaretos." E conclui Jorge: "A bexiga e os bexigosos povoam meus livros, vão comigo pela vida afora".

Nem todas as recordações são sombrias. O capítulo seguinte começa com uma lírica cena: "Na praia do Pontal, de infinita beleza, o menino cavalga em cacho de cocos verdes, eleva-se nos ares, sobrevoa o porto e os navios, vive entre a realidade e a imaginação". Um trecho que chama a atenção para o lado poético do escritor. Há passagens em sua obra que, sem serem exatamente poesia, têm o ritmo da poesia. Por exemplo, o capítulo sobre a repressão à greve de Santos em *Os subterrâneos da liberdade*:

> Eram em Santos três soldados, de baioneta calada. [...]
> Branco soldado Antônio; Manuel, mulato pardo; negro, negro de carvão, era o soldado Romão. [...]
> Antônio leu um papel, circulava entre os soldados, de mão em mão, escondido. "Soldado, que fazes tu?", o papel lhe perguntava. "Vais teu fuzil apontar contra os grevistas de Santos, teus irmãos trabalhadores?"

A pausa poética, no livro, é de curta duração. Por causa da varíola, a família tem de deixar a fazenda e se estabelecer em Ilhéus, onde os pais, numa pequena oficina, ganham a vida confeccionando tamancos. Em 1917 nova mudança, agora para a fazenda Tararanga, próxima ao nascente povoado de Pirangi, hoje cidade, Itajuípe. Lugar pequeno, mas movimentado: bares, salas de jogo, bordéis, "aventureiros vindos de todas as partes, mascates levantinos", tiroteios nas ruas. De novo uma cena marcaria o pequeno Jorge, então com sete ou oito anos. Ele vê o pai partir em sua montaria, acompanhado dos cabras, todos armados — iam para Itabuna garantir a eleição de um sobrinho de João Amado. Um retrato típico da política nordestina de então. A propósito disso o autor faz um comentário: "Temas permanentes, o amor e a morte estão no centro de toda minha obra de romancista". Encontra a explicação para tanto na sua própria infância, que teve como cenário uma "terra violentada, de homens em armas, num mundo primitivo de epidemias, pestes, serpentes, sangue e cruzes nos caminhos e, ao mesmo tempo, de mar e brisa, de praias e canções, meninas de doce enlevo". Esta combinação, amor e morte, Eros e Tânatos, representa um apelo irresistível para qualquer ser humano e ajuda a explicar a tremenda repercussão de sua literatura. Durante muito tempo, e no mundo inteiro, Jorge Amado era a literatura brasileira. Foi publicado em mais de cinquenta países, em idiomas que incluem o árabe, o armênio, o azerbaijano, o búlgaro, o guarani, o hebraico, o macedônio. Claro, atrás disso estava o apoio dos partidos e dos governos comunistas de numerosos países; e o apelo do "exotismo brasileiro". Mas o êxito não teria ocorrido sem a tremenda capacidade narrativa de Jorge Amado.

Erico Verissimo, seu êmulo do Sul, rotulava-se modestamente de "contador de histórias". Jorge Amado também era um contador de histórias; mas contar bem histórias é o ponto de partida para a grande literatura. Jorge Amado contava histórias, e contava-as pensando nos seus leitores. Não gravitava em torno a seu próprio umbigo, não se deixava dominar pelo ego; a generosidade que nele era natural aparecia também em sua obra. Seu fascínio pela condição humana era ilimitado e nada tinha a ver com condição social. Assim, ele nos conta como, ainda criança, descobriu, em Pirangi, as "casas de mulher-dama", onde era mimado pelas raparigas e onde foi iniciado no sexo. Sua admiração pelas mulheres "perdidas" (qualificativo que rejeita com indignação) é ilimitada; elas, assegura-nos, "acalentaram meus sonhos, protegeram minha indócil esperança". O que enseja uma meditação literária: "Que outra coisa tenho sido senão um romancista de putas e vagabundos? Se alguma beleza existe no que escrevi, provém desses despossuídos, dessas mulheres marcadas com ferro em brasa". É a mesma marca que encontramos na literatura de Jorge Amado, a marca que sem dúvida o caracterizou perante o público e que atraiu milhões de leitores e que o colocou ao lado de escritores como Maksim Górki e William Faulkner, cujos personagens eram pobres, oprimidos.

Como muitos escritores e intelectuais de sua geração, Jorge Amado viu no comunismo e na Revolução Russa de 1917 a esperança de um mundo melhor, mais justo e mais solidário. Muito cedo tornou-se militante do Partido e um escritor engajado, um praticante do chamado realismo socialista, o estilo artístico oficial da União Soviética a partir dos anos 1930 e que teve como teórico Andrei Zdanov. Os escritores do realismo socialista, dos quais Ilya Ehrenburg era um exemplo, tinham de colocar o seu talento a serviço do comunismo, apresentando personagens "positivos" e capazes de sacrificar tudo pela causa. Na União Soviética e depois, nas chamadas democracias populares, esses escritores gozavam da proteção do Estado; moravam bem, tinham regalias. Mas em outros países eram frequentemente perseguidos, e foi o que aconteceu com Jorge Amado, que já em 1936 foi preso, acusado de participar da chamada Intentona Comunista de 1935. A partir daí, sucederam-se as prisões e os processos judiciais. Foi preso várias vezes, foi expulso da França e proibido de entrar nos Estados Unidos. Mas isso não afetava sua dedicação ao Partido nem sua intensa atividade política: foi redator-chefe da revista *Diretrizes*, do jornal *Hoje* e da revista *Paratodos*, publicações de esquerda. Foi secretário do Instituto Cultural Brasil-URSS e deputado federal (depois cassado) pelo PCB. E escreveu várias obras de evidente cunho propagandístico: *A vida de Luís Carlos Prestes*, rebatizado como *O cavaleiro da esperança*, sobre o lendário líder comunista; *O mundo da paz*, sobre os países socialistas; a trilogia *Os subterrâneos da liberdade*, com violentos ataques aos trotskistas e aos inimigos do Partido Comunista.

E então veio a desilusão. Em 1956 o premiê soviético Nikita Kruschev denuncia, perante o XX Congresso do Partido Comunista da União Soviética, os crimes de Josef Stálin, cuja amplitude nem mesmo naquela época era inteiramente conhecida. Os números hoje disponíveis, e baseados em pesquisas feitas na própria Rússia, após o fim do comunismo, falam de 19 a 22 milhões de vítimas e de 5,5 a 6,5 milhões de prisioneiros nos campos do Gulag. De 186 comandantes do Exército Vermelho, 154 foram expurgados. Dos 139 membros do Comitê Central do Partido Comunista, 98 foram executados.

Os intelectuais eram, desde o grande expurgo stalinista de 1936-8, um alvo preferencial. Foi o caso do escritor Isaac Bábel (1894-1940), que lutou na revolução de 1917, que escreveu a respeito, mas que, espírito independente, caiu em desgraça e morreu num campo de concentração. Outros, mais espertos, sobreviveram: Ilya Ehrenburg, amigo e admirador de Jorge Amado, conseguiu ser enviado para o exterior. Mais tarde Jorge Amado declarou que, desde 1954, sabia das atrocidades de Stálin. Contudo, as razões que o levaram a deixar o Partido não foram, segundo suas palavras, políticas, mas sim de ordem prática: o engajamento estaria prejudicando sua carreira de escritor. Explicações à parte, sua amargura em relação à política era mais que evidente e aparece no livro: vê na ideologia "a desgraça do nosso tempo". Ideologia significa "o pensamento criador submergido, afogado pelas teorias, pelos conceitos dogmáticos". Sente-se também "cada vez mais distante dos líderes e dos heróis": "Os líderes e os heróis são vazios, tolos, prepotentes, odiosos e maléficos. Mentem quando se dizem intérpretes do povo e pretendem falar em seu nome, pois a bandeira que empunham é a da morte, para subsistir necessitam de opressão e de violência". E indaga, amargo: "Quem consegue distinguir entre o herói e o assassino, entre o líder e o tirano?". Seu sonho é uma "revolução sem ideologia", na qual seja garantido o direito do ser humano "a comer, a trabalhar, a amar". Sabe que esse sonho pode ser considerado absurdo, mas afirma: "Não possuímos direito maior e mais inalienável que o direito ao sonho".

A repercussão dessa mudança em seu trabalho literário não tardou a aparecer e dela *Gabriela, cravo e canela*, de 1958, é um exemplo significativo. Estamos diante de uma obra bem-humorada, pitoresca, na qual o erotismo assume o primeiro plano. A "segunda fase" da carreira de Jorge Amado foi marcada por um enorme êxito de público, com vários textos adaptados para cinema e tevê. Ainda que tenha sido muito criticado pelas "concessões", é preciso dizer que continuava fiel à tese exposta em *O menino grapiúna*: "Os personagens das obras de ficção resultam da soma de figuras que se impuseram ao autor, que fazem parte de sua experiência vital". E cita como exemplo o seu tio, Álvaro Amado, que está um pouco presente em todos os coronéis de seus livros. Risonho e alegre, o coronel era também esperto: "Um de seus hábitos consistia em comparecer a reuniões e festas, na longa estação das chuvas, levando sempre um guarda-chuva velho que depositava junto aos demais, na entrada da casa. Ao sair, levava o melhor e mais novo". O coronel Álvaro engajou o sobrinho num curioso empreendimento: vendiam uma "água milagrosa", importada de Sergipe e que supostamente curaria muitas doenças. O coronel João Amado não gostou nada da história, mas, em retrospecto, o escritor defende o tio: "Não visava a lucros e, sim, ajudar o próximo".

A infância, mesmo decorrendo em belos cenários, mesmo povoada de personagens encantadores, termina, e com ela a liberdade. O menino grapiúna tinha de estudar e para isso foi matriculado pelo pai no colégio jesuíta Antônio Vieira, de Salvador, coisa que viu como um "encarceramento", por causa do regime de internato. Mas, como sói acontecer, logo surgiu uma compensação — uma grande compensação no caso, representada por um extraordinário professor, o padre Luiz Gonzaga Cabral, que o introduziu ao mundo da literatura (Camões, Garrett, Herculano, Swift, Dickens) e descobriu, numa redação escrita pelo aluno com o título de "O mar", uma inegável vocação literária. A ânsia de liberdade era, contudo, muito forte. No início do terceiro ano do colégio Jorge foge: "Atravessei o sertão da Bahia no rumo de Sergipe, iniciando minhas universidades". Esta expressão, "minhas universidades", que encerra o texto, é muito significativa. Trata-se do título do livro com que Maksim Górki completa sua trilogia autobiográfica, iniciada com *Infância* e *Ganhando meu pão*. Universidades Górki não cursou; a sua universidade é a vida, os seres humanos. Não por outra razão ele aconselhou o jovem Isaac Bábel a "viver, antes de escrever". Da mesma maneira, foi a vida que ensinou Jorge Amado a escrever obras que nos emocionam, nos encantam e nos revelam um Brasil sob muitos aspectos ainda desconhecido. *O menino grapiúna* mostra o início de uma trajetória literária que marcou o nosso país e o nosso mundo.

cronologia

Este livro recupera experiências marcantes da infância de Jorge Amado, vividas durante as duas primeiras décadas do século XX. Logo no início, o autor se refere a uma tocaia armada contra seu pai por um jagunço, em 1913. Revela também que presenciou a "gestação" de novas cidades na região do cacau e narra o famoso episódio da redação "O mar", que escreveu aos onze anos e que surpreendeu seu professor de português. Jorge Amado relembra, por fim, a fuga do internato, aos treze anos, quando atravessou o sertão para chegar à casa do avô, em Sergipe.

1912-1919

Jorge Amado nasce em 10 de agosto de 1912, em Itabuna, Bahia. Em 1914, seus pais transferem-se para Ilhéus, onde ele estuda as primeiras letras. Entre 1914 e 1918, trava-se na Europa a Primeira Guerra Mundial. Em 1917, eclode na Rússia a revolução que levaria os comunistas, liderados por Lênin, ao poder.

1920-1925

A Semana de Arte Moderna, em 1922, reúne em São Paulo artistas como Heitor Villa-Lobos, Tarsila do Amaral, Mário e Oswald de Andrade. No mesmo ano, Benito Mussolini é chamado a formar governo na Itália. Na Bahia, em 1923, Jorge Amado escreve uma redação escolar intitulada "O mar"; impressionado, seu professor, o padre Luiz Gonzaga Cabral, passa a lhe emprestar livros de autores portugueses e também de Jonathan Swift, Charles Dickens e Walter Scott. Em 1925, Jorge Amado foge do colégio interno Antônio Vieira, em Salvador, e percorre o sertão baiano rumo à casa do avô paterno, em Sergipe, onde passa "dois meses de maravilhosa vagabundagem".

1926-1930

Em 1926, o Congresso Regionalista, encabeçado por Gilberto Freyre, condena o modernismo paulista por "imitar inovações estrangeiras". Em 1927, ainda aluno do Ginásio Ipiranga, em Salvador, Jorge Amado começa a trabalhar como repórter policial para o *Diário da Bahia* e *O Imparcial* e publica em *A Luva*, revista de Salvador, o texto "Poema ou prosa". Em 1928, José Américo de Almeida lança *A bagaceira*, marco da ficção regionalista do Nordeste, um livro no qual, segundo Jorge Amado, se "falava da realidade rural como ninguém fizera antes". Jorge Amado integra a Academia dos Rebeldes, grupo a favor de "uma arte moderna sem ser modernista". A quebra da Bolsa de Valores de Nova York, em 1929, catalisa o declínio do ciclo do café no Brasil. Ainda em 1929, Jorge Amado, sob o pseudônimo Y. Karl, publica em *O Jornal* a novela *Lenita*, escrita em parceria com Edson Carneiro e Dias da Costa. O Brasil vê chegar ao fim a política do café com leite, que alternava na presidência da República políticos de São Paulo e Minas Gerais: a Revolução de 1930 destitui Washington Luís e nomeia Getúlio Vargas presidente.

1931-1935

Em 1932, desata-se em São Paulo a Revolução Constitucionalista. Em 1933, Adolf Hitler assume o poder na Alemanha, e Franklin Delano Roosevelt torna-se presidente dos Estados Unidos da América, cargo para o qual seria reeleito em 1936, 1940 e 1944. Ainda em 1933, Jorge Amado se casa com Matilde Garcia Rosa. Em 1934, Getúlio Vargas é eleito por voto indireto presidente da República. De 1931 a 1935, Jorge Amado frequenta a Faculdade Nacional de Direito, no Rio de Janeiro; formado, nunca exercerá a advocacia. Amado identifica-se com o Movimento de 30, do qual faziam parte José Américo de Almeida, Rachel de Queiroz e Graciliano Ramos, entre outros escritores preocupados com questões sociais e com a valorização de particularidades regionais. Em 1933, Gilberto Freyre publica *Casa-grande & senzala*, que marca profundamente a visão de mundo de Jorge Amado. O romancista baiano publica seus primeiros livros: *O país do Carnaval* (1931), *Cacau* (1933) e *Suor* (1934). Em 1935 nasce sua filha Eulália Dalila.

1936-1940

Em 1936, militares rebelam-se contra o governo republicano espanhol e dão início, sob o comando de Francisco Franco, a uma guerra civil que se alongará até 1939.

Jorge Amado enfrenta problemas por sua filiação ao Partido Comunista Brasileiro. São dessa época seus livros *Jubiabá* (1935), *Mar morto* (1936) e *Capitães da Areia* (1937). É preso em 1936, acusado de ter participado, um ano antes, da Intentona Comunista, e novamente em 1937, após a instalação do Estado Novo. Em Salvador, seus livros são queimados em praça pública. Em setembro de 1939, as tropas alemãs invadem a Polônia e tem início a Segunda Guerra Mundial. Em 1940, Paris é ocupada pelo exército alemão. No mesmo ano, Winston Churchill torna-se primeiro-ministro da Grã-Bretanha.

1941-1945

Em 1941, em pleno Estado Novo, Jorge Amado viaja à Argentina e ao Uruguai, onde pesquisa a vida de Luís Carlos Prestes, para escrever a biografia publicada em Buenos Aires, em 1942, sob o título *A vida de Luís Carlos Prestes*, rebatizada mais tarde *O cavaleiro da esperança*. De volta ao Brasil, é preso pela terceira vez e enviado a Salvador, sob vigilância. Em junho de 1941, os alemães invadem a União Soviética. Em dezembro, os japoneses bombardeiam a base norte-americana de Pearl Harbor, e os Estados Unidos declaram guerra aos países do Eixo. Em 1942, o Brasil entra na Segunda Guerra Mundial, ao lado dos aliados. Jorge Amado colabora na *Folha da Manhã*, de São Paulo, torna-se chefe de redação do diário *Hoje*, do PCB, e secretário do Instituto Cultural Brasil-União Soviética. No final desse mesmo ano, volta a colaborar em *O Imparcial*, assinando a coluna "Hora da Guerra", e em 1943 publica, após seis anos de proibição de suas obras, *Terras do sem-fim*. Em 1944, Jorge Amado lança *São Jorge dos Ilhéus*. Separa-se de Matilde Garcia Rosa. Chegam ao fim, em 1945, a Segunda Guerra Mundial e o Estado Novo, com a deposição de Getúlio Vargas. Nesse mesmo ano, Jorge Amado casa-se com a paulistana Zélia Gattai, é eleito deputado federal pelo PCB e publica o guia *Bahia de Todos-os-Santos*. *Terras do sem-fim* é publicado pela editora de Alfred A. Knopf, em Nova York, selando o início de uma amizade com a família Knopf que projetaria sua obra no mundo todo.

1946-1950

Em 1946, Jorge Amado publica *Seara vermelha*. Como deputado, propõe leis que asseguram a liberdade de culto religioso e fortalecem os direitos autorais. Em 1947, seu mandato de deputado é cassado, pouco depois de o PCB ser posto na ilegalidade. No mesmo ano, nasce no Rio de Janeiro João Jorge, o primeiro filho com Zélia Gattai. Em 1948, devido à perseguição política, Jorge Amado exila-se, sozinho, voluntariamente em Paris. Sua casa no Rio de Janeiro é invadida pela polícia, que apreende livros, fotos e documentos. Zélia e João Jorge partem para a Europa, a fim de se juntar ao escritor. Em 1950, morre no Rio

de Janeiro a filha mais velha de Jorge Amado, Eulália Dalila. No mesmo ano, Amado e sua família são expulsos da França por causa de sua militância política e passam a residir no castelo da União dos Escritores, na Tchecoslováquia. Viajam pela União Soviética e pela Europa Central, estreitando laços com os regimes socialistas.

1951-1955

Em 1951, Getúlio Vargas volta à presidência, desta vez por eleições diretas. No mesmo ano, Jorge Amado recebe o prêmio Stálin, em Moscou. Nasce sua filha Paloma, em Praga. Em 1952, Jorge Amado volta ao Brasil, fixando-se no Rio de Janeiro. O escritor e seus livros são proibidos de entrar nos Estados Unidos durante o período do macarthismo. Em 1954, Getúlio Vargas se suicida. No mesmo ano, Jorge Amado é eleito presidente da Associação Brasileira de Escritores e publica *Os subterrâneos da liberdade*. Afasta-se da militância comunista.

1956-1960

Em 1956, Juscelino Kubitschek assume a presidência da República. Em fevereiro, Nikita Khruchióv denuncia Stálin no 20º Congresso do Partido Comunista da União Soviética. Jorge Amado se desliga do PCB. Em 1957, a União Soviética lança ao espaço o primeiro satélite artificial, o *Sputnik*. Surge, na música popular, a Bossa Nova, com João Gilberto, Nara Leão, Antonio

Carlos Jobim e Vinicius de Moraes. A publicação de *Gabriela, cravo e canela*, em 1958, rende vários prêmios ao escritor. O romance inaugura uma nova fase na obra de Jorge Amado, pautada pela discussão da mestiçagem e do sincretismo. Em 1959, começa a Guerra do Vietnã. Jorge Amado recebe o título de obá Arolu no Axé Opô Afonjá. Embora fosse um "materialista convicto", admirava o candomblé, que considerava uma religião "alegre e sem pecado". Em 1960, inaugura-se a nova capital federal, Brasília.

1961-1965

Em 1961, Jânio Quadros assume a presidência do Brasil, mas renuncia em agosto, sendo sucedido por João Goulart. Yuri Gagarin realiza na nave espacial *Vostok* o primeiro voo orbital tripulado em torno da Terra. Jorge Amado vende os direitos de filmagem de *Gabriela, cravo e canela* para a Metro-Goldwyn-Mayer, o que lhe permite construir a casa do Rio Vermelho, em Salvador, onde residirá com a família de 1963 até sua morte. Ainda em 1961, é eleito para a cadeira 23 da Academia Brasileira de Letras. No mesmo ano, publica *Os velhos marinheiros*, composto pela novela *A morte e a morte de Quincas Berro Dágua* e pelo romance *O capitão-de-longo-curso*. Em 1963, o presidente dos Estados Unidos, John Kennedy, é assassinado. O Cinema Novo retrata a realidade nordestina em filmes como *Vidas secas* (1963), de Nelson Pereira

dos Santos, e *Deus e o diabo na terra do sol* (1964), de Glauber Rocha. Em 1964, João Goulart é destituído por um golpe e Humberto Castelo Branco assume a presidência da República, dando início a uma ditadura militar que irá durar duas décadas. No mesmo ano, Jorge Amado publica *Os pastores da noite*.

1966-1970

Em 1968, o Ato Institucional nº 5 restringe as liberdades civis e a vida política. Em Paris, estudantes e jovens operários levantam-se nas ruas sob o lema "É proibido proibir!". Na Bahia, floresce, na música popular, o tropicalismo, encabeçado por Caetano Veloso, Gilberto Gil, Torquato Neto e Tom Zé. Em 1966, Jorge Amado publica *Dona Flor e seus dois maridos* e, em 1969, *Tenda dos Milagres*. Nesse último ano, o astronauta norte-americano Neil Armstrong torna-se o primeiro homem a pisar na Lua.

1971-1975

Em 1971, Jorge Amado é convidado a acompanhar um curso sobre sua obra na Universidade da Pensilvânia, nos Estados Unidos. Em 1972, publica *Tereza Batista cansada de guerra* e é homenageado pela Escola de Samba Lins Imperial, de São Paulo, que desfila com o tema "Bahia de Jorge Amado". Em 1973, a rápida subida do preço do petróleo abala a economia mundial. Em 1975, *Gabriela, cravo e canela* inspira novela da TV Globo, com Sônia Braga no papel principal, e estreia o filme *Os pastores da noite*, dirigido por Marcel Camus.

1976-1980

Em 1977, Jorge Amado recebe o título de sócio benemérito do Afoxé Filhos de Gandhy, em Salvador. Nesse mesmo ano, estreia o filme de Nelson Pereira dos Santos inspirado em *Tenda dos Milagres*. Em 1978, o presidente Ernesto Geisel anula o AI-5 e reinstaura o *habeas corpus*. Em 1979, o presidente João Baptista Figueiredo anistia os presos e exilados políticos e restabelece o pluripartidarismo. Ainda em 1979, estreia o longa-metragem *Dona Flor e seus dois maridos*, dirigido por Bruno Barreto. São dessa época os livros *Tieta do Agreste* (1977), *Farda, fardão, camisola de dormir* (1979) e *O gato malhado e a andorinha Sinhá* (1976), escrito em 1948, em Paris, como um presente para o filho.

1981-1985

A partir de 1983, Jorge Amado e Zélia Gattai passam a morar uma parte do ano em Paris e outra no Brasil — o outono parisiense é a estação do ano preferida por Jorge Amado, e, na Bahia, ele não consegue mais encontrar a tranquilidade de que necessita para escrever. Cresce no Brasil o movimento das Diretas Já. Em 1984, Jorge Amado publica *Tocaia Grande*. Em 1985, Tancredo Neves é eleito presidente do Brasil, por votação indireta, mas morre antes de tomar posse. Assume a presidência José Sarney.

1986-1990

Em 1987, é inaugurada em Salvador a Fundação Casa de Jorge Amado, marcando o início de uma grande reforma do Pelourinho. Em 1988, a Escola de Samba Vai-Vai é campeã do Carnaval, em São Paulo, com o enredo "Amado Jorge: A história de uma raça brasileira". No mesmo ano, é promulgada nova Constituição brasileira. Jorge Amado publica *O sumiço da santa*. Em 1989, cai o Muro de Berlim.

1991-1995

Em 1992, Fernando Collor de Mello, o primeiro presidente eleito por voto direto depois de 1964, renuncia ao cargo durante um processo de *impeachment*. Itamar Franco assume a presidência. No mesmo ano, dissolve-se a União Soviética. Jorge Amado preside o 14º Festival Cultural de Asylah, no Marrocos, intitulado "Mestiçagem, o exemplo do Brasil", e participa do Fórum Mundial das Artes, em Veneza. Em 1992, lança dois livros: *Navegação de cabotagem* e *A descoberta da América pelos turcos*. Em 1994, depois de vencer as Copas de 1958, 1962 e 1970, o Brasil é tetracampeão de futebol. Em 1995, Fernando Henrique Cardoso assume a presidência da República, para a qual seria reeleito em 1998. No mesmo ano, Jorge Amado recebe o prêmio Camões.

1996-2000

Em 1996, alguns anos depois de um enfarte e da perda da visão central, Jorge Amado sofre um edema pulmonar em Paris. Em 1998, é o convidado de honra do 18º Salão do Livro de Paris, cujo tema é o Brasil, e recebe o título de doutor *honoris causa* da Sorbonne Nouvelle e da Universidade Moderna de Lisboa. Em Salvador, termina a fase principal de restauração do Pelourinho, cujas praças e largos recebem nomes de personagens de Jorge Amado.

2001

Após sucessivas internações, Jorge Amado morre em 6 de agosto de 2001.

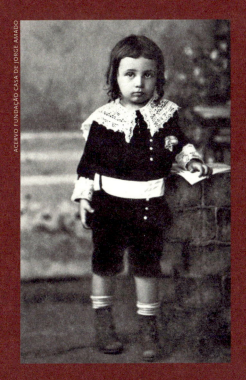

Jorge Amado, *c.* 1914

O coronel João Amado de Faria e Eulália Leal Amado com os filhos Joelson, James e Jorge, Ilhéus, 1924

Jorge no colégio Antônio Vieira, Salvador, 1923

Jorge com a mãe, Eulália, e o irmão caçula, James, anos 1920

Jorge e Zélia Gattai em Ferradas, distrito de Itabuna onde nasceu o escritor, década de 1960

Jorge e Eulália,
Rio de Janeiro, 1952

João Amado

A família Amado em 1961: João e Eulália com os filhos Jorge, Joelson e James

Jorge e Floriano Teixeira veem as ilustrações da primeira edição de *O menino grapiúna*, Salvador, 1980

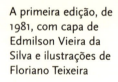

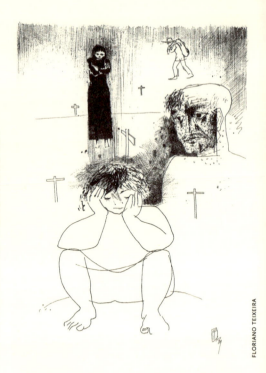

A primeira edição, de 1981, com capa de Edmilson Vieira da Silva e ilustrações de Floriano Teixeira

14

˅s soldados do batalhão da policia militar ~~xxxxxxxx~~ desembarcaram em

Ilheus sob o comando do coronel que "pacificara" o sertão, com or-

dens terminantes de ~~xx~~ acabar com o cangaço ~~xx~~ na zona do cacau. Em

verdade , por detras da subita decisão moralisadora do Governo do

Estado ~~xxx~~ escondiam-se razões politicas. *mesquinhas*

Entre os adversarios mais visados , encontrava-se José Nique,

cuja fazenda era uma fortaleza a serviço da oposição. Suas terras

limitavam com as de meu pai. Os soldados da Briosa ~~xxxxxxxx~~ os do- *cercaram*

minios do negro orgulhoso e insolente.

Ouvindo conversas , comentarios na casa-grande e nas casas de

trabalhadores , o menino soube das ameaças ao seu amigo José Nique.

Gostava do visinho , ~~xxx~~ cuja fama de violento e cruel , não impedia

que, de volta das viagens ~~xx~~ à ~~xxxxxx~~ e ao Rio -- ia à capital do *Bahia*

pais pelo menos uma vez por ano -- ~~xxxxxxxxxxxxxxxxxxxxxxxxxxx~~ Viveu *lhe trouxesse um brinquedo.*

dias de alarme e ~~xxxxxxxxxxx~~ preocupação , o ouvido à escuta para recolher no-

ticias. Os trabalhadores apostavam : José Nique conseguiria ou não

furar o cerco? O menino tinha certeza que sim.

Soube do encontro num trilha proxima à mata , do comandante da *tão dramático,*

Policia Militar e do chefe de jagunços. O coronel deu voz de prisão

a José Nique. ~~xxxxxxxxxxxxxxxxxxxxxxxxxxxxxxxxxxxxxx~~ Na *"Teje preso", disse e foi atirando para matar.*

confusão dos tiros o fazendeiro ~~xxxxx~~ mata a dentro, deixando um *sumiu*

rastro de sangue. Diziam-no ~~xxxx~~ mortalmente ferido , ~~xxxxxxxx~~ *atingido por*

tres balas. O cerco se apertou , ~~xxxxxxxxxxxxxx~~ Argemiro le- *para impedir a fuga.*

vou o menino para ver os soldados da Brisa. Iguais aos jagunços, as

tunicas rotas , não havia diferença. Quando os urubus sobrevoarem a

mata, saberemos que o bandido morreu , iremos buscar o corpo, anun-

ciou o ~~xxxxxx~~ militar sentado na varanda da casa-grande na ~~xxxxxx~~

Tararanga. O menino sentiu um ~~xxxxxx~~ aperto no coração mas ainda

mantinha a esperança.

No meio da noite ~~xxx~~ o menino ~~xxxxxxxxx~~ as batidas na por- *acordou com*

ta, era José Nique , o braço esquerdo quebrado por duas balas, uma *da frente.*

outra ferira-lhe o rosto. O menino sorriu para ele , foi em busca

do copo com agua , enquanto dona Eulalia trazia algodão, iodo e

panos limpos. ~~xxxxxx~~ Tendo matado a fome e a sede, o braço em im-

provisada tipoia , José Nique recusou o acompanhamento de Argemiro

Manuscrito de *O menino grapiúna*

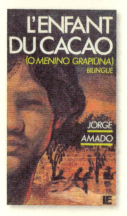

O menino grapiúna no mundo: capas alemã, colombiana, espanhola, francesa, italiana e portuguesa